Impressum
Verlag: BABADADA GmbH, Nedderfeld 112 , 22529 Hamburg
Geschäftsführer / Verlagsleitung: Harald Hof
Druck: Books on Demand GmbH, In de Tarpen 42, 22848 Norderstedt

Imprint
Publisher: BABADADA GmbH, Nedderfeld 112 , 22529 Hamburg, Germany
Managing Director / Publishing direction: Harald Hof
Print: Books on Demand GmbH, In de Tarpen 42, 22848 Norderstedt

dibistan
colegio

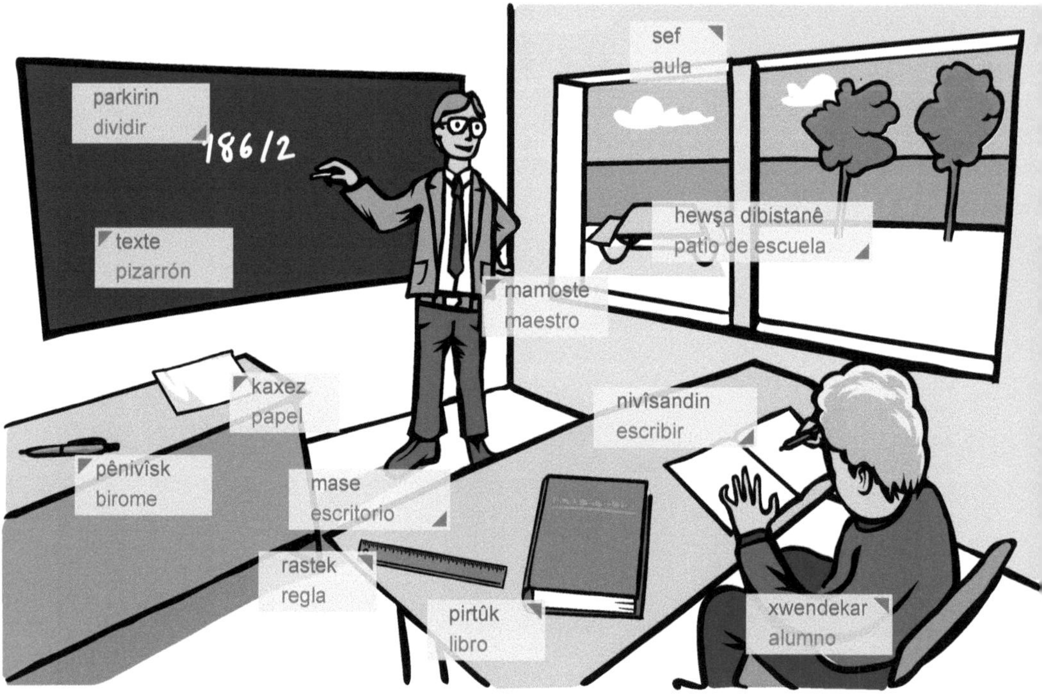

sef
aula
parkirin
dividir
186/2
texte
pizarrón
hewşa dibistanê
patio de escuela
mamoste
maestro
kaxez
papel
nivîsandin
escribir
pênivîsk
birome
mase
escritorio
rastek
regla
pirtûk
libro
xwendekar
alumno

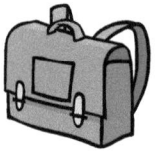

çewal

mochila

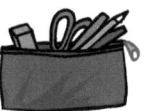

qûtî nivîstok

caja de lápices

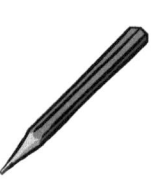

qelemrisas

lápiz

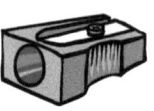

nivîstok tûjkir

sacapuntas

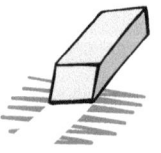

jêbir

goma (de borrar)

nivîska nîgarê

bloc de dibujo

nîgar

dibujo

firçeya rengê

pincel

qûtî reng

caja de pinturas

meqes

tijera

lezaq

pegamento

pirtûka fêrbûn

cuaderno de ejercicios

wezîfa malê

tarea

hejmar

número

zêdekirin

sumar

derxistin

restar

zêdekirin

multiplicar

hesibandin

calcular

tîp

letra

alfabe

abecedario

peyv

palabra

nivîsê

texto

xwandin

leer

geç

tiza

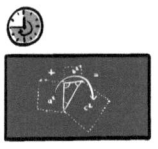

ders

lección

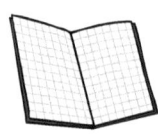

qeydkirin

cuaderno de clase

îmtîhan

examen

şehade

certificado

kinca dibistanê

uniforme escolar

perwerdehî

educación

zanistname

enciclopedia

zanîngeh

universidad

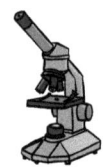

mîkroskûp

microscopio

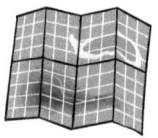

xerîte

mapa

sepeta kaxezê

tacho (de basura)

rêwêtî
viaje

mêvanxane
hotel
Grand
mêvanxane
hostel
ROOMS
EXCHANGE
ofîsa pere veguhartinê
casa de cambio
cente
valija
maşîn
auto

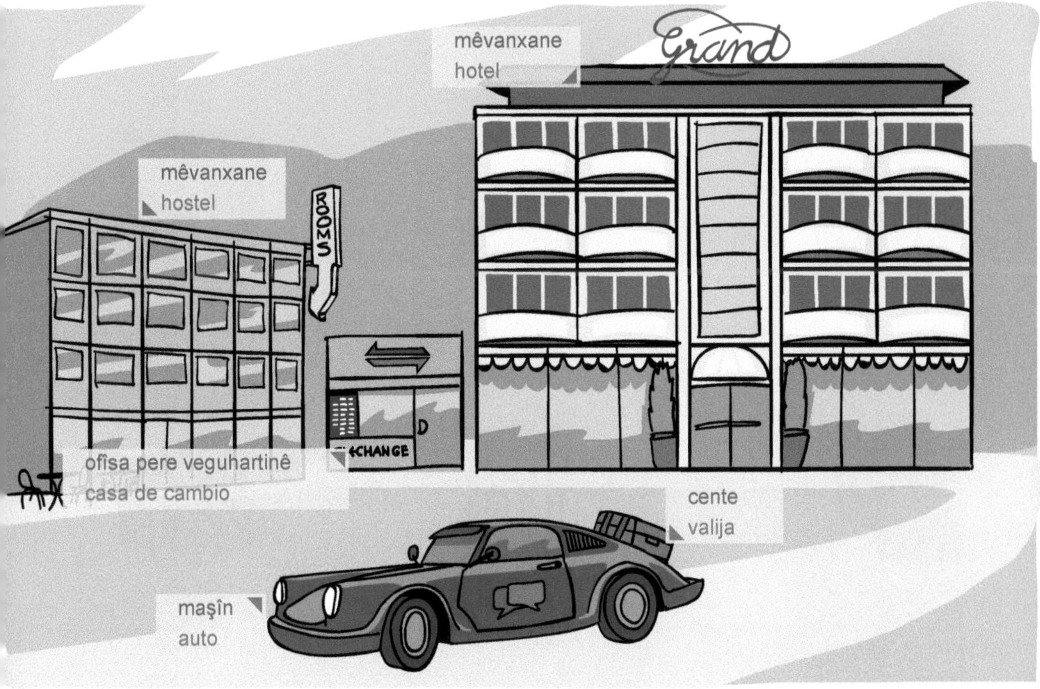

ziman

idioma

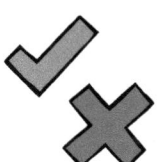

belê / na

sí / no

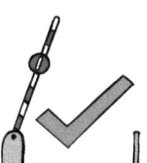

baş

Está bien

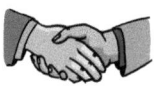

silav

hola

wergêra nivîskî

traductor

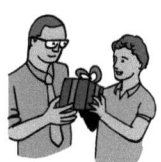

sipas

Gracias

bihayê ... çi qase?

¿cuánto cuesta...?

ez fam nakim

No entiendo

pirsgirêk

problema

êvarbaş!

¡Buenas tardes!

beyanî baş!

¡Buenos días!

şev baş!

¡Buenas noches!

xatirê te

adiós

alî

dirección

hûrmûr

equipaje

çente

bolso

çente pişt

mochila

mêvan

invitado

ode

habitación

came xew

bolsa de dormir

çadir

carpa

agagiyên gerokan

información turística

rexê avê

playa

kartê qerzê

tarjeta de crédito

taştê

desayuno

firavîn

almuerzo

şîv

cena

kart

pasaje

asansor

ascensor

pûl

sello

tixûb

frontera

gumirk

aduana

balyozxane

embajada

vîza

visa

pasaport

pasaporte

rêwêtî - viaje

guhaztin
transporte

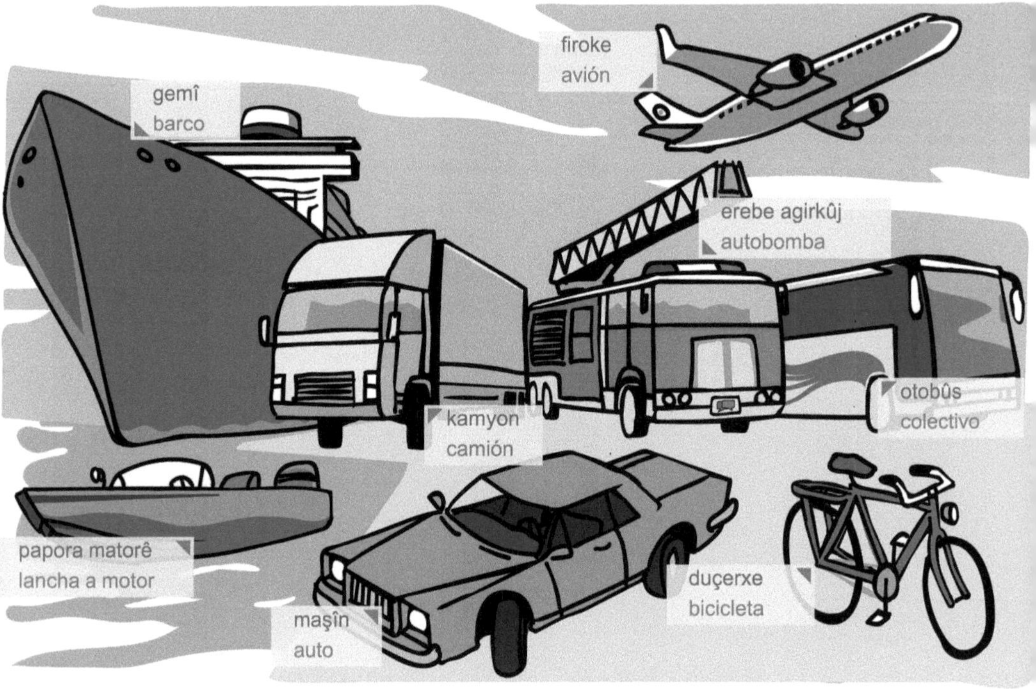
firoke
avión
gemî
barco
erebe agirkûj
autobomba
otobûs
colectivo
kamyon
camión
papora matorê
lancha a motor
duçerxe
bicicleta
maşîn
auto

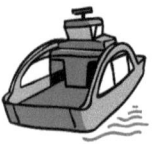

papor

ferry

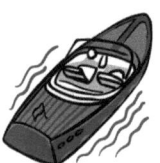

papor

bote

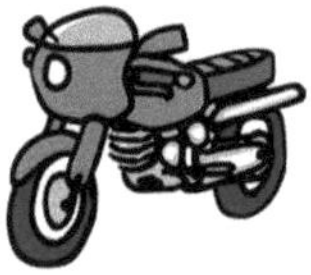

motorsîklêt

moto

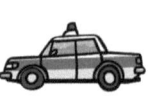

trimbêla polîsê

patrullero

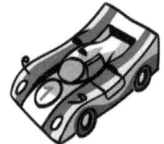

trimbêla pêşbaziyê

auto de carreras

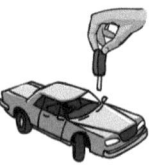

erebe kirêkirinê

auto de alquiler

maşîn pervekirin

alquiler de autos

kamyona kişandinê

grúa

kamyona xwelî

camión de basura

motorsîklêt

motor

mazot

nafta

îstegeha benzînê

estación de servicio

tabloya tirafîkê

señal de tránsito

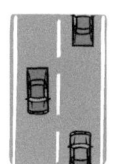

hatinûçûn

tránsito

tirafîk

embotellamiento

cihê parkê

estacionamiento

rawesteka trênê

estación de tren

rêç

vías

trên

tren

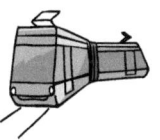

trênê kolanê

tranvía

erebe

vagón

babirok

helicóptero

balafirgeh

aeropuerto

birc

torre

misafir

pasajero

qûtî

contenedor

qûtî

caja de cartón

girgirok

carretilla

selik

canasta

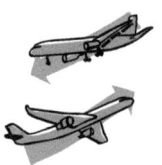

rabûn / nîştin

despegar / aterrizar

bajar

ciudad

gund

pueblo

navenda bajarê

centro de ciudad

xanî

casa

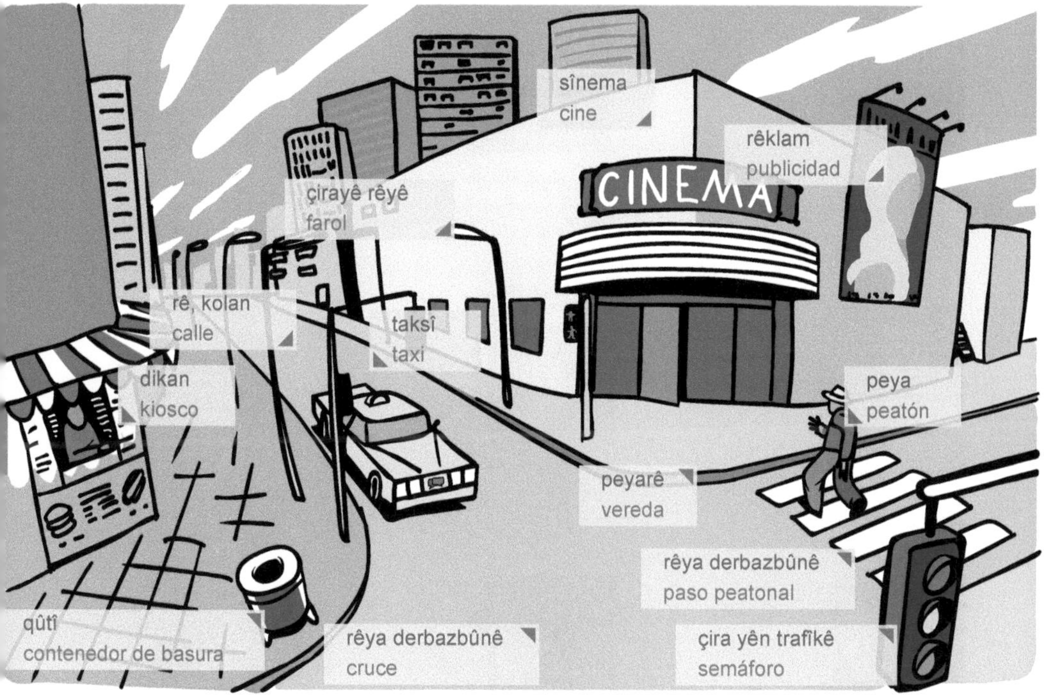

sînema
cine

rêklam
publicidad

çirayê rêyê
farol

CINEMA

rê, kolan
calle

taksî
taxi

dikan
kiosco

peya
peatón

peyarê
vereda

rêya derbazbûnê
paso peatonal

qûtî
contenedor de basura

rêya derbazbûnê
cruce

çira yên trafîkê
semáforo

kox
....
cabaña

xanî
....
departamento

rawesteka trênê
....
estación de tren

telara şarevanî
....
municipalidad

mûzexane
....
museo

dibistan
....
colegio

zanîngeh

universidad

bank

banco

nexweşxane

hospital

mêvanxane

hotel

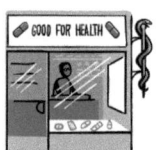

dermanxane

farmacia

ofîs

oficina

kitêbfiroşî

librería

dikan

negocio

gulfiroş

florería

bazar

supermercado

bazar

mercado

supermarket

grandes tiendas

masîfiroş

pescadería

navenda kirrîn

centro comercial

bender

puerto

park

parque

sekû

banco

pir

puente

derince

escaleras

jêr erdê

subte

tunnel

túnel

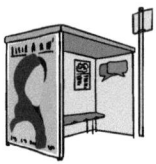

îstgeha otobûs

parada del colectivo

bar

bar

xwaringeh

restaurante

sindûqa postê

buzón

nîşanderka rêyê

letrero

metra parkîngê

parquímetro

baxça heywanan

zoológico

hewza melevanî

pileta

mizgeft

mezquita

cotgeh

granja

lewitandina derdor

contaminación

goristan

cementerio

kenîse

iglesia

erdê leyistinê

juegos infantiles

perestgeh

templo

tebîet

paisaje

gela
hoja

nîşanderka rê
poste indicador

rê
camino

mêrg
pradera

kevir
piedra

gerok
excursionista

dar
árbol

çem
río

giya
hierba

kulîlk
flor

dol

valle

gir

montaña

gol

lago

daristan

bosque

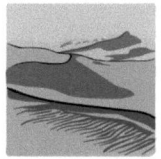

beyaban

desierto

volkan

volcán

keleh

castillo

keskesor

arco iris

kivark

champiñón

darqesp

palmera

mixmixk

mosquito

mêş

mosca

mêrî

hormiga

hing

abeja

pîrê

araña

tebîet - paisaje

15

kêzik
escarabajo

beq
rana

sihor
ardilla

jîjok
erizo

kerguh
liebre

pepûk
lechuza

çivîk
pájaro

qû
cisne

berazê kovî
jabalí

pezkovî
ciervo

pezkovî
alce

bendav
presa

tûrbîna ba
aerogenerador

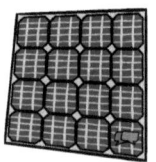

panela xorê
panel solar

av û hewa
clima

xwaringeh
restaurante

berkar
mozo
pêşek
menú
kursî
silla
şorbe
sopa
pîza
pizza
çetel û çemçik
cubiertos
sifre
mantel

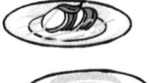

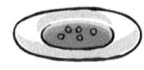

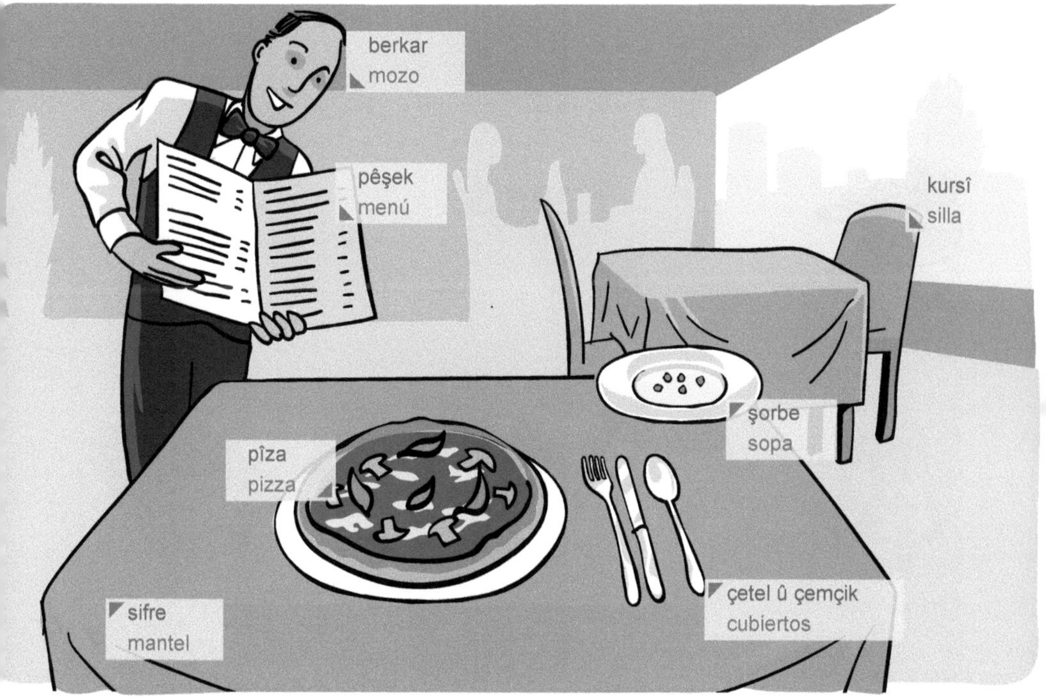

xwarina destpêk

entrada

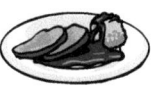

xwarina serekî

plato principal

şêranî

postre

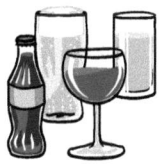

vexwarinan

bebidas

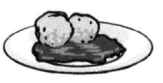

xwarin

comida

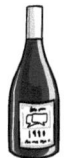

cam

botella

xwarina lez

comida rápida

xwarina rêyê

comida callejera

çaydanik

tetera

qûtî şekirê

azucarera

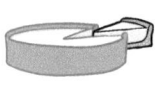

beş

porción

mekîna çêkirinê espresso

cafetera expreso

kursiya bilînd

sillita alta

hesab

cuenta

sênî

bandeja

kêr

cuchillo

çetel

tenedor

kevçî

cuchara

kevçiya çay

cucharita

pêşgir

servilleta

qedeh

vaso

teyfik

plato

teyfika şorbe

plato hondo

piyale

plato

çênc

salsa

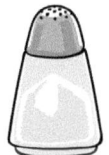

xwêdank

salero

qûtî bîbar

molinillo de pimienta

sêk

vinagre

rûn

aceite

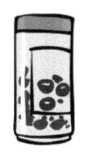

biharat

especias

ketçap

kétchup

mustard

mostaza

mayonêz

mayonesa

bazar
supermercado

pêşkêşên taybet
oferta especial
FOR
mişterî
cliente
şîremenî
lácteos
fêkî
fruta
erebe
changuito

BUTCHERS

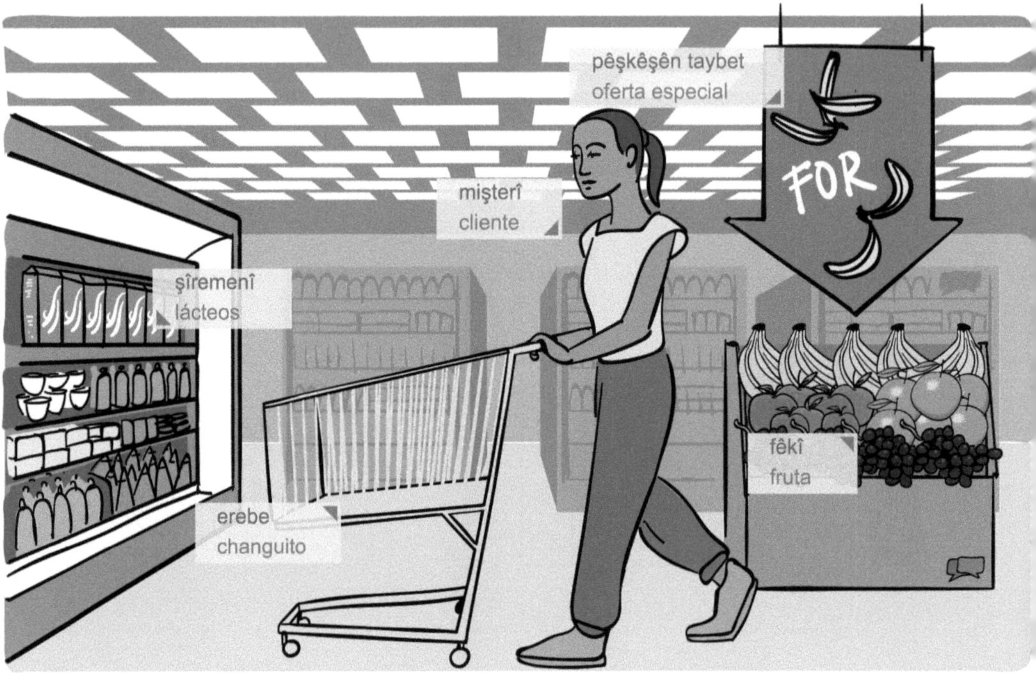

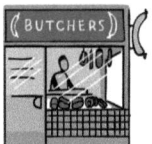

qesabî

carnicería

BAKERY

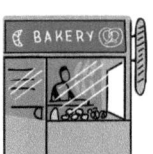

dikana nanpêj

panadería

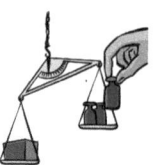

wezin kirin

pesar

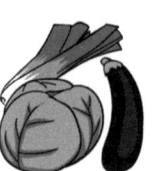

sebze

verduras

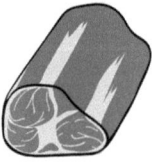

goşt

carne

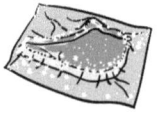

xwarinê cemedî

alimentos congelados

goştê sar

fiambres

xwarina pîlê

alimentos enlatados

xubarê paqijkirinê

detergente en polvo

şirînî

golosinas

berhemên navxweyî

electrodomésticos

berhemên paqijkirinê

productos de limpieza

firoşyar

vendedora

xeznok

caja

diravgir

cajero

lîsta kirrînê

lista de compras

demên vekirî

horario de atención

cizdan

billetera

kartê qerzê

tarjeta de crédito

çewal

cartera

çente

bolsa de plástico

av

agua

şerbet

jugo

şîr

leche

komir

bebida cola

şerab

vino

bîra

cerveza

alkol

alcohol

kakwo

cacao

çay

té

qehwe

café

espresso

café expreso

kapoçîno

cappuccino

moz

banana

sêv

manzana

pirteqalî

naranja

gundor

melón

lîmon

limón

gêzer

zanahoria

sîr

ajo

qamir

bambú

pîvaz

cebolla

qarçik

champiñón

gewîz

nueces

şihîre

fideos

spagêttî

tallarines

birinc

arroz

selete

ensalada

çîps

papas fritas

peteteya biraştî

papas fritas

pîza

pizza

hamburger

hamburguesa

nanok

sándwich

goştê stûyê berxî

churrasco

goştê hişkkirî

jamón

salamê

salame

sosîs

salchicha

mirîşk

pollo

bijartin

asado

masî

pescado

şorbe bilûl

copos de avena

mûslî

muesli

kertên gilgilan

copos de maíz

ard

harina

croissant

medialuna

semûn

pancito

nan

pan

tost

tostada

nanik

galletitas

nivîşk

manteca

mast

cuajada

kulîçe

torta

hêk

huevo

hêka qelandî

huevo frito

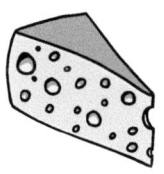

penîr

queso

dondirme
helado

şekir
azúcar

hingiv
miel

mireba
mermelada

xameya nougat
pasta de chocolate

kurrî
curry

cotgeh
granja

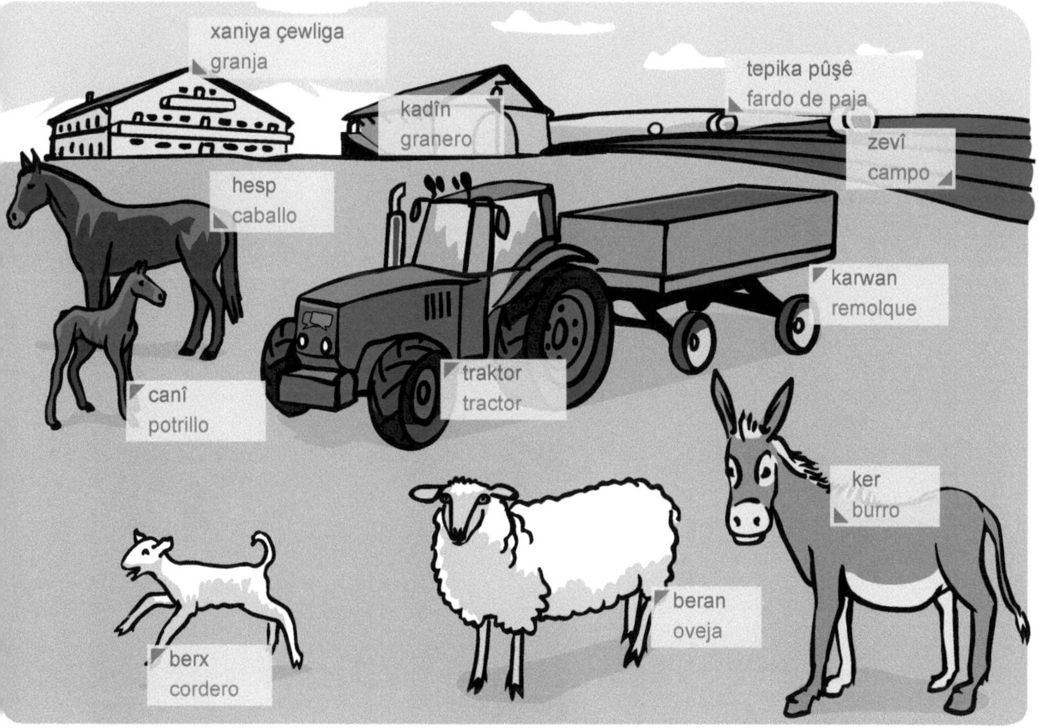
xaniya çewliga
granja
kadîn
granero
tepika pûşê
fardo de paja
zevî
campo
hesp
caballo
karwan
remolque
traktor
tractor
canî
potrillo
ker
burro
beran
oveja
berx
cordero

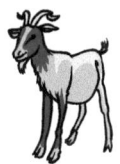

bizin
cabra

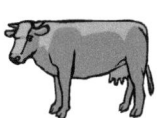

çêlek
vaca

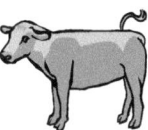

golik
ternero

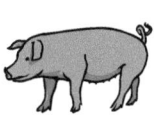

beraz
cerdo

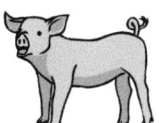

xinzîrk
lechón

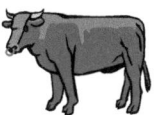

boxe
toro

qaz

ganso

miravî

pato

cûçik

pollo

mirîşk

gallina

keleşêr

gallo

circ

rata

kitik

gato

mişk

ratón

ga

buey

kûçik

perro

xaniya kûçikê

cucha

xanî baxê

manguera

qûtîka avdanê

regadera

şalûk

guadaña

gasin

arado

das
hoz

merbêr
azada

darsapik
horquilla

bivir
hacha

destgere
carretilla

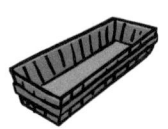

qûtî xwarina candaran
abrevadero

qûtî şîr
lechera

tûr
bolsa

çeper
reja

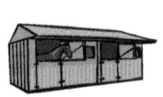

axur
establo

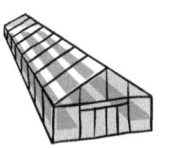

xana kulîlkan
invernadero

ax
suelo

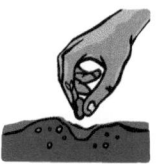

dendik
semilla

peyn
fertilizador

kombayn
cosechadora

zad

cosechar

zad

cosecha

petete

batatas

genim

trigo

fasolî

soja

petete

papa

dexl

maíz

dindik

semilla de colza

darê fêkî

árbol frutal

sêvê bin erdê

mandioca

zad

cereales

xanî
casa

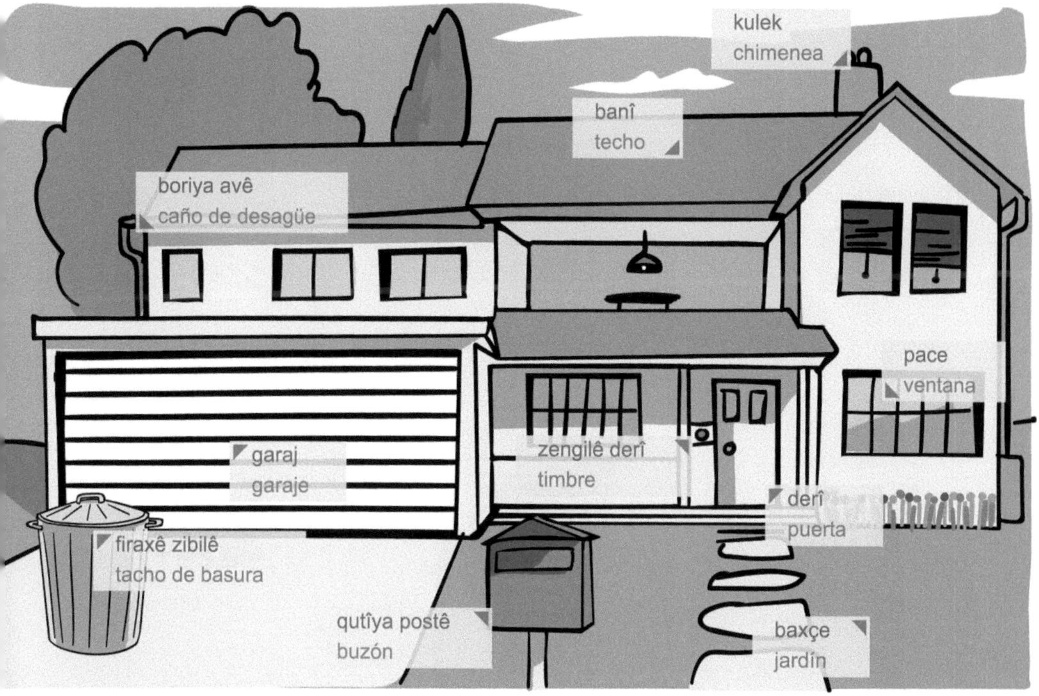
kulek
chimenea
banî
techo
boriya avê
caño de desagüe
pace
ventana
garaj
garaje
zengilê derî
timbre
derî
puerta
firaxê zibilê
tacho de basura
qutîya postê
buzón
baxçe
jardín

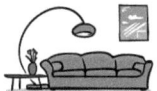

oda rûniştinê

living

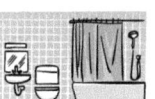

hemam

baño

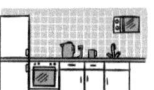

metbex

cocina

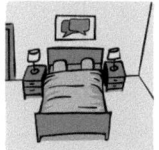

oda xewê

dormitorio

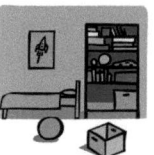

odeya zarok

cuarto de los chicos

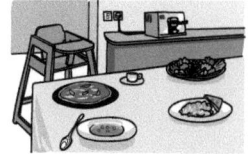

oda şîvê

comedor

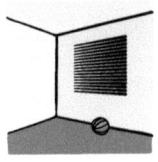

binî

piso

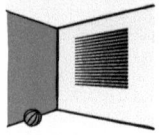

dîwar

pared

berban

cielorraso

xenzik

sótano

sauna

sauna

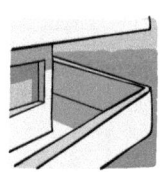

balkon

balcón

berdanik

terraza

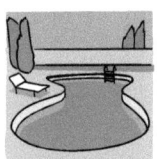

hewza melevanî

pileta

çîmen birr

cortadora de pasto

melhefe

sábana

betanî

acolchado

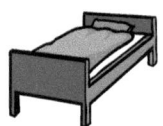

nivîn

cama

gezik

escoba

satil

balde

kilîl

interruptor

oda rûniştinê

living

kaxezê dîwar
empapelado
wêne
imagen
lampa
lámpara
ref
estante
dolab
armario
telefîsiyon
televisión
agirdan
chimenea
kulîlk
flor
serîn
almohadón
qenepe
sofá
guldank
florero
kontrola dûr
control remoto

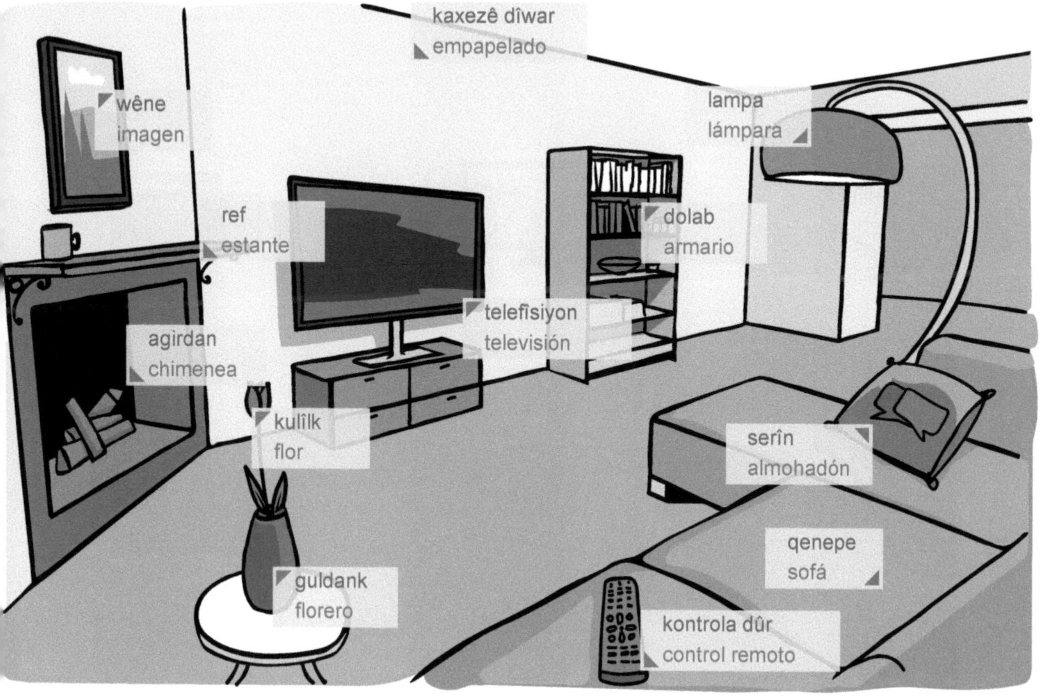

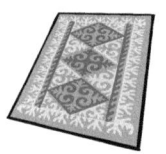

xalîçe

alfombra

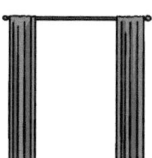

perde

cortina

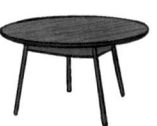

mêz

mesa

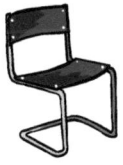

kursî

silla

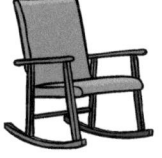

kursiya hejanok

mecedora

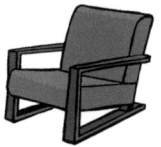

kursî

sillón

pirtûk

libro

betanî

frazada

xemilandin

decoración

êzing

leña

fîlm

película

hi-fi

equipo de música

kilîl

llave

rojname

diario

nîgar

pintura

poster

póster

radyo

radio

defter

cuaderno

sivnika elektrîkî

aspiradora

kaktûs

cactus

mom

vela

metbex
cocina

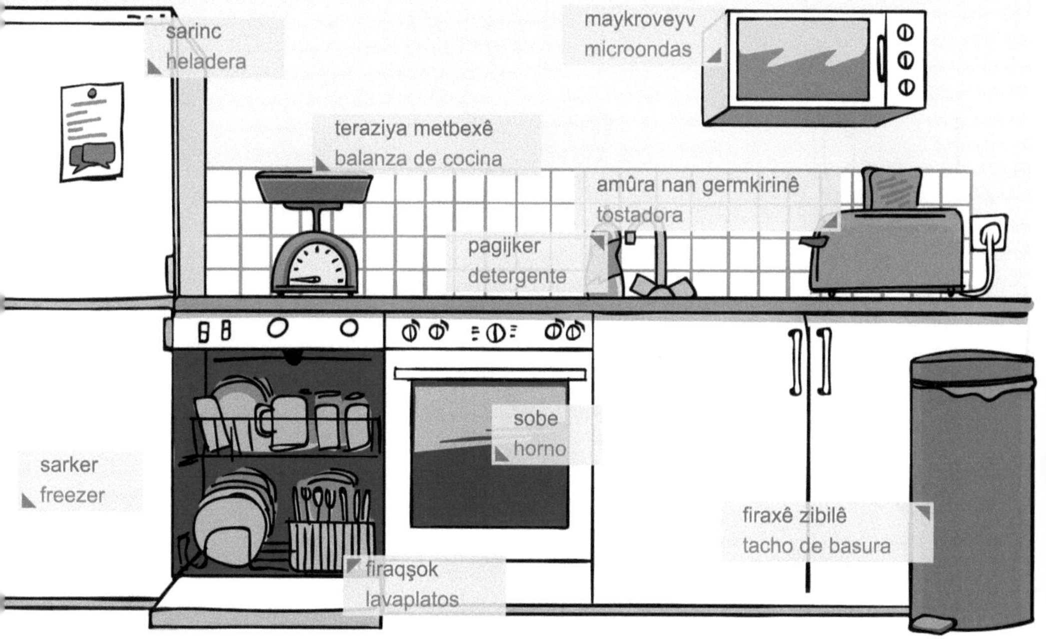
sarinc
heladera
maykroveyv
microondas
teraziya metbexê
balanza de cocina
amûra nan germkirinê
tostadora
pagijker
detergente
sobe
horno
sarker
freezer
firaxê zibilê
tacho de basura
firaqşok
lavaplatos

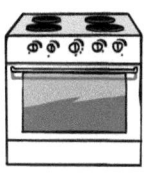

sobe
cocina

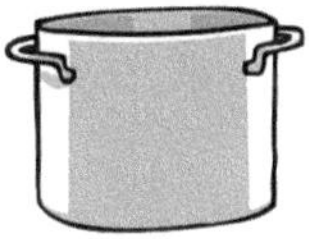

aman
olla

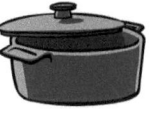

amaê ûtû
olla de hierro fundido

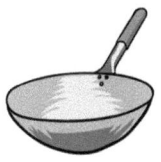

firaqê mezin
wok

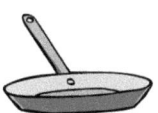

dîzik
sartén

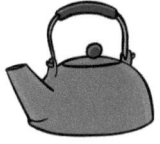

kelînk
pava

firaqê hilmê

vaporera

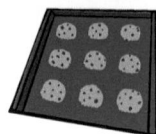

sênî nanê

bandeja de horno

firaq

vajilla

piyale

taza

kasik

bol

darê nanxwarin

palitos

hesk

cucharón

kevçiya mezin

estpátula

rînek

batidora

kefgîr

colador

bêjing

colador

rêşker

rallador

destar

mortero

biraştin

parrilla

agirê vala

fogata

texteya birrînê

tabla de picar

darikê tîrê

palo de amasar

devik badek

sacacorchos

qûtî

lata

qûtîvekir

abrelatas

cawê amanan

manopla

destşo

pileta

firçe

cepillo

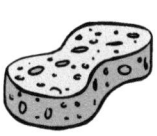

parazoa

esponja

tevdêr

batidora

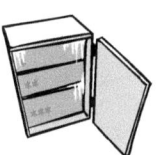

sarkerê cemedî

congelador

şûşe bebikan

mamadera

henefî

canilla

hemam

baño

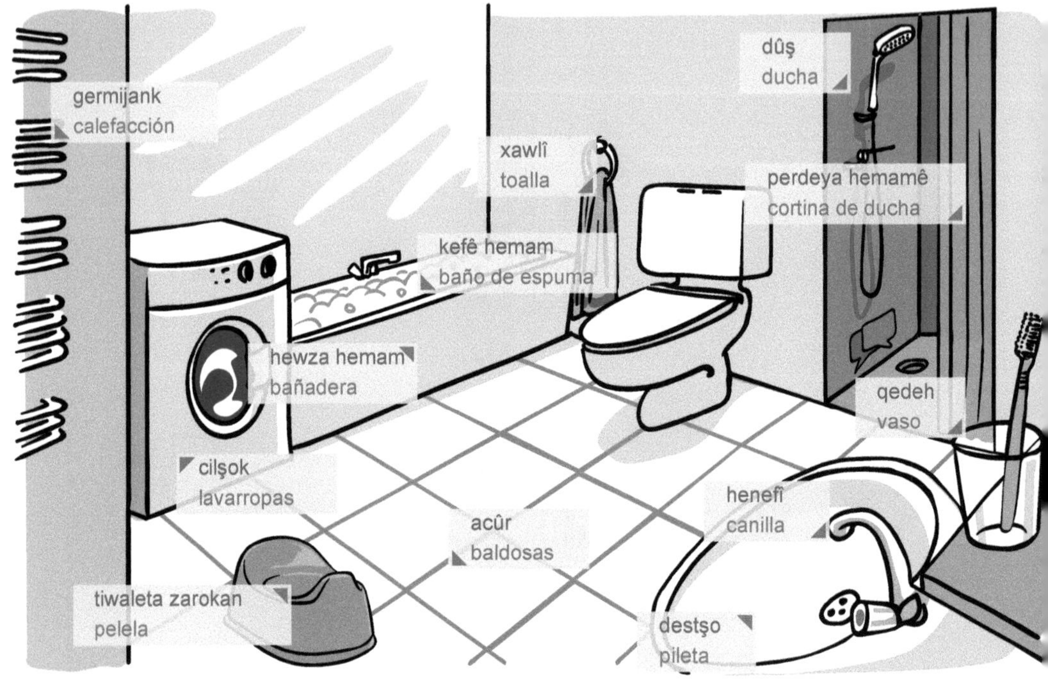

germijank
calefacción
dûş
ducha
xawlî
toalla
perdeya hemamê
cortina de ducha
kefê hemam
baño de espuma
hewza hemam
bañadera
qedeh
vaso
cilşok
lavarropas
henefî
canilla
acûr
baldosas
tiwaleta zarokan
pelela
destşo
pileta

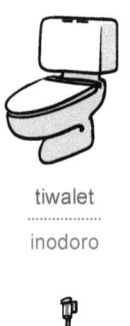

tiwalet

inodoro

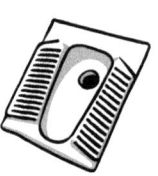

tiwaleta erdê

letrina

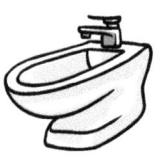

tiwalet

bidé

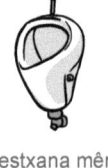

avdestxana mêran

mingitorio

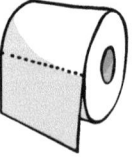

kaxeza tiwalet

papel higiénico

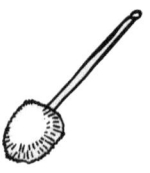

firşeya tiwalet

cepillo para el inodoro

firçeya diran

cepillo de dientes

mecûna diran

dentífrico

nexa didan

hilo dental

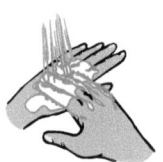
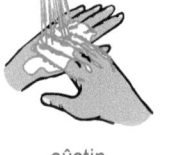

şûştin

lavar

dûşê destê

ducha de mano

dûş

ducha higiénica

destşo

palangana

firça pişt

cepillo para espalda

sabûn

jabón

cêlê hemam

gel de ducha

şampo

shampoo

fanîle

toallita

zêrab

desagüe

kirêm

crema

bêhn xweşkir

desodorante

mirêk

espejo

mirêka destê

espejito

gûzan

maquinita de afeitar

kefê teraşînê

espuma de afeitar

mecûna piştî teraşînê

aftershave

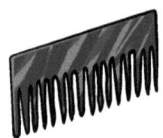

şeh

peine

firçe

cepillo

por hîşikkir

secador de pelo

sipraya porê

spray

kozmetîk

maquillaje

soravk

lápiz de labios

rengê nînok

esmalte para uñas

pembû

algodón

meqesta nînok

tijera para uñas

parfûm

perfume

çewalê hemamê

portacosméticos

kursiya bêpişt

banqueta

terazî

balanza

kinca hemamê

bata

lepika lastîkê

guantes de goma

tampon

tampón

xawliya paqijkirinê

toallita femenina

tiwaleta kîmîyewî

baño químico

odeya zarok
cuarto de los chicos

demjimêrk
despertador
lîstok
peluche
maşîna lîstok
coche de juguete
xişxişok
sonajero
mala lîstok
casa de muñecas
xelat
regalo

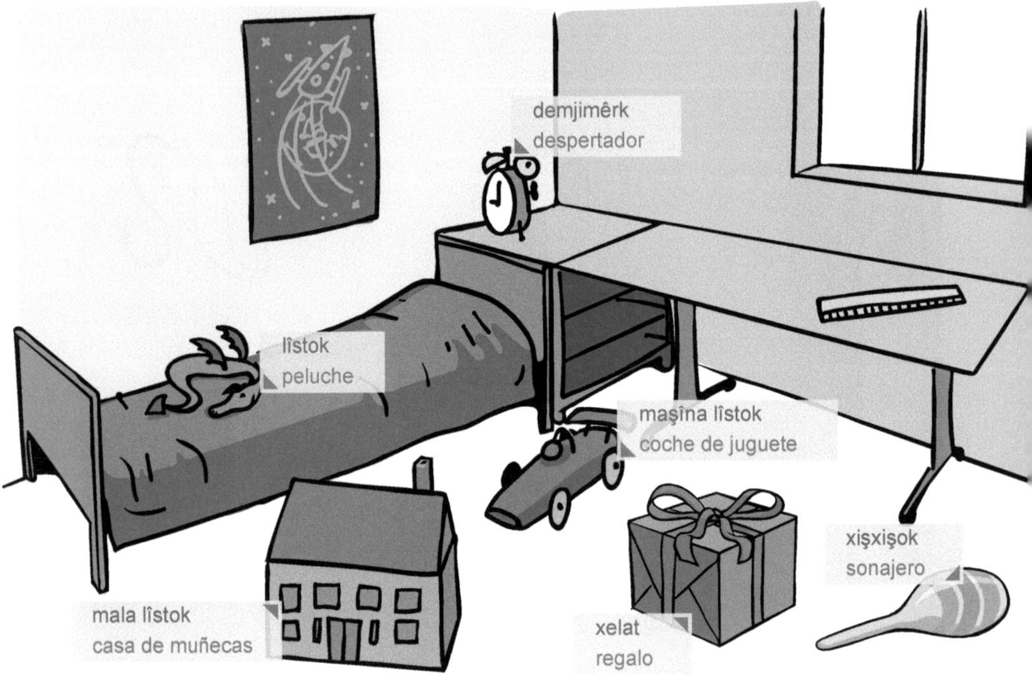

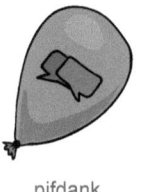

pifdank

globo

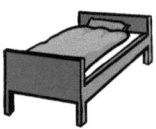

nivîn

cama

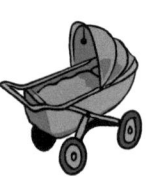

koçk

cochecito

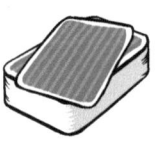

lîstika kartê

cartas

frîzbî

rompecabezas

SUPER
MEGA

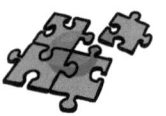

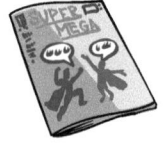

komîk

historieta

acûra lêgo

piezas de lego

acûra lîstok

ladrillos de juguete

bûke şûşe

figura de acción

kinca bebikan

enterito (de bebé)

frizbee

frisbee

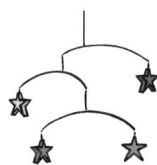

veguhestin

móvil para bebés

lîstikên texte

juego de mesa

mor

dados

modêla trênê

tren eléctrico

memik

chupete

cejn

fiesta

kitêba wêne

libro de cuentos ilustrado

top

pelota

bûke şûşe

muñeca

leyîstin

jugar

kuna xîzê

arenero

colane

hamaca

lîstokan

juguetes

lîstika vîdeoyî

consola de videojuegos

sêçerxe

triciclo

hirça lîstok

osito de peluche

cildank

armario

kinc

ropa

gore

medias

gore

medias panty

derpêgorê

calzas

şal
bufanda

qayiş
cinturón

çetir
paraguas

kiras
remera

şekal
botas

pêlavê nav malê
pantuflas

pêlav
zapatillas

solik

sandalias

sol

zapatos

potîna çermê

botas de goma

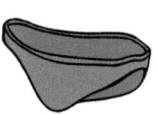

pantolê jêr

ropa interior

pêsîrbend

corpiño

çekbend

chaleco

cendek

body

pantol

pantalones

jeans

jeans

daman

pollera

kiras

blusa

kiras

camisa

fanêle

pulóver

fanêle

buzo

cakêt

blazer

sako

campera

çaket

tapado

baranî

piloto

lebas

traje

fîstan

vestido

cilê dawetê

vestido de novia

kostum
traje

pêcame
camisón

pêcame
pijama

saree
sari

leçik
pañuelo para cabeza

mêzer
turbante

hêram
burka

kaftan
caftán

eba
abaya

kinca ajnêkirin
traje de baño

cilka melevanî
short de baño

şort
shorts

cila hêvojkarî
jogging

pêşmal
delantal

lepik
guantes

dûgme

botón

berçavik

anteojos

bazin

pulsera

gerdenî

collar

gustîl

anillo

guhark

aro

devik

gorra

hilavistek

percha

kûm

sombrero

kirawat

corbata

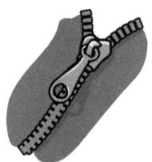

zîp

cierre

serparêz

casco

derzî

tiradores

kinca dibistanê

uniforme escolar

yûnîform

uniforme

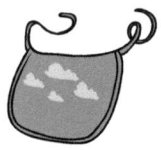

berdilk

babero

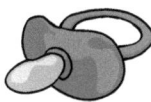

memik

chupete

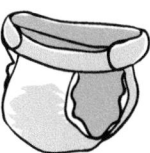

pundax

pañal

ofîs

oficina

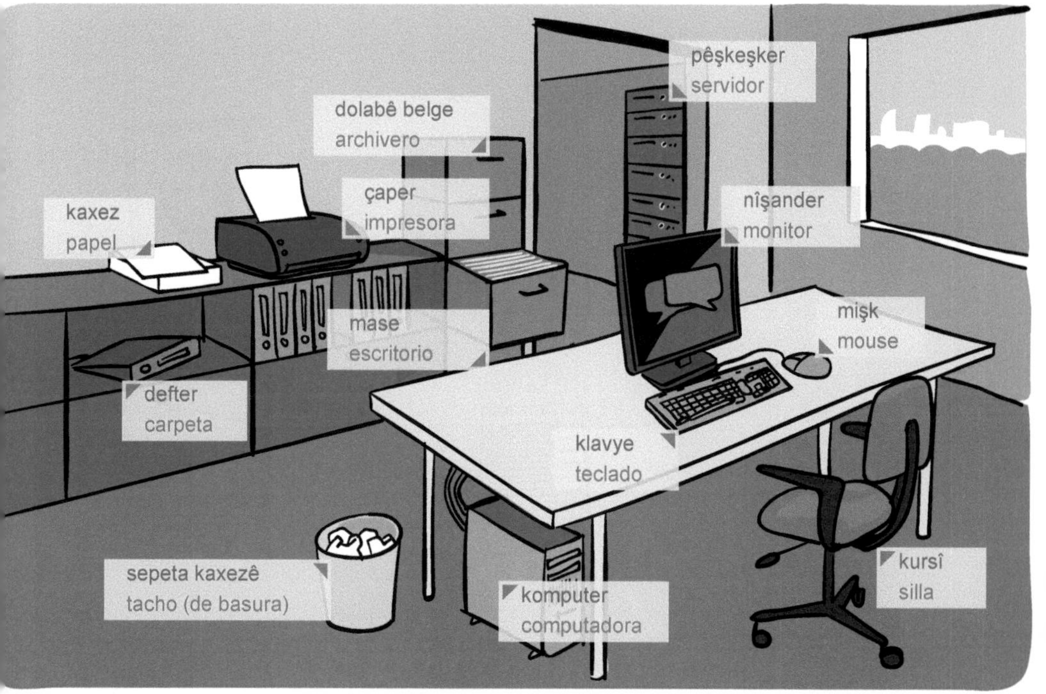

pêşkeşker
servidor
dolabê belge
archivero
çaper
impresora
kaxez
papel
nîşander
monitor
mişk
mouse
mase
escritorio
defter
carpeta
klavye
teclado
sepeta kaxezê
tacho (de basura)
komputer
computadora
kursî
silla

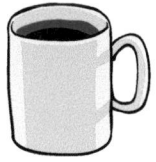

kasika qehwe

taza de café

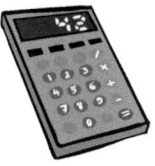

hesabker

calculadora

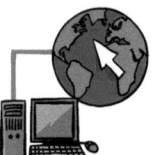

înternet

internet

komputera laptop

laptop

name

carta

peyam

mensaje

telefona mobîl

celular

tor

red

mekîna fotokopî

fotocopiadora

software

software

telefon

teléfono

socketa fîşek

tomacorriente

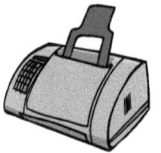

mekîna faxê

fax

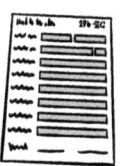

form

formulario

belge

documento

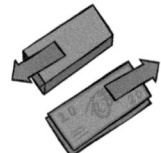

standin

comprar

pere dan

pagar

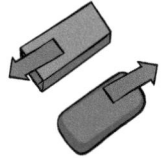

bazirganî

hacer negocios

pere

dinero

dollar

dólar

yoro

euro

yenê Japonê

yen

roblê Rûsî

rublo

firankê Swîsê

franco suizo

yuanê Çînê

yuan

rûpee Hindî

rupia

mekîna jixwebera dirav

cajero automático

ofîsa pere veguhartinê

casa de cambio

zêrr

oro

zîv

plata

neft

petróleo

wize

energía

biha

precio

peyman

contrato

tax

impuesto

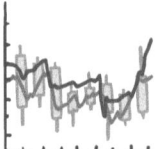

seham

acción

karkirin

trabajar

karker

empleado

karda

empleador

fabrîka

fábrica

dikan

negocio

profesyon
ocupaciones

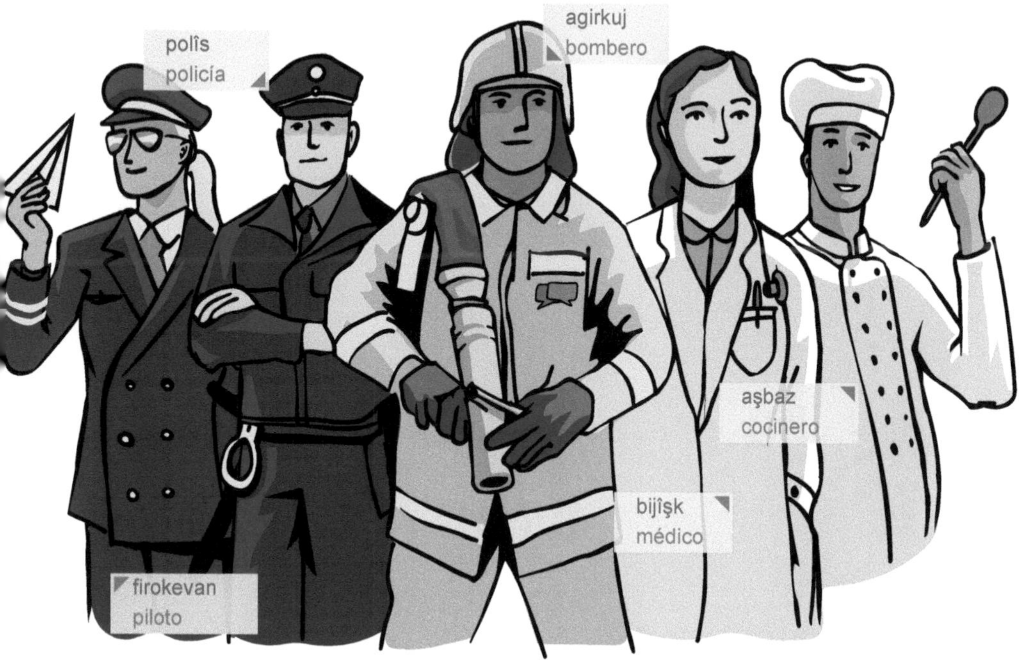
agirkuj
bombero
polîs
policía
aşbaz
cocinero
bijîşk
médico
firokevan
piloto

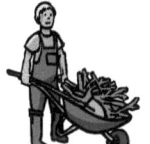

baxçevan

jardinero

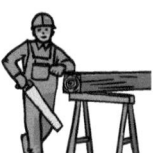

necar

carpintero

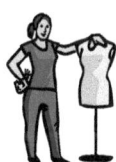

dirûnvan

modista

hakim

juez

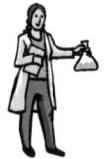

şîmyazan

farmacéutico

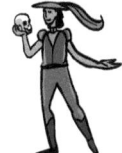

şanoger

actor

şufêrê basê

colectivero

şufêrekî taksiyê

taxista

masîvan

pescador

pagijker

mucama

çêkirê banî

techista

berkar

mozo

nêçirvan

cazador

rengrês

pintor

nanpêj

panadero

karebavan

electricista

avaker

albañil

endezyar

ingeniero

qesab

carnicero

lûlekar

plomero

postevan

cartero

esker

soldado

mîmar

arquitecto

diravgir

cajero

firotkara çîçekan

florista

porçêker

peluquero

ajovan

cobrador

mekanîk

mecánico

keştîvan

capitán

pizîşka didanan

dentista

zanistyar

científico

rûhan

rabino

îmam

imán

keşe

monje

keşîş

sacerdote

amûran
herramientas

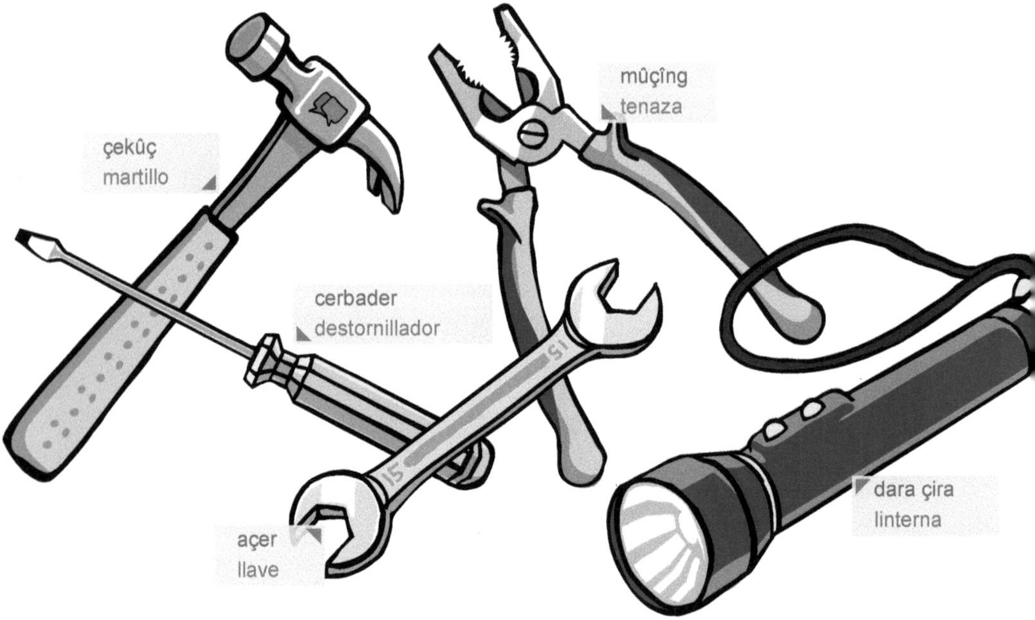
mûçîng
tenaza
çekûç
martillo
cerbader
destornillador
dara çira
linterna
açer
llave

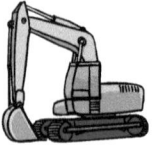

şofel

excavadora

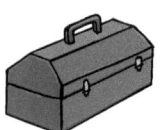

qûtiya amûran

caja de herramientas

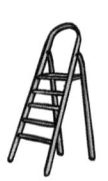

peyje

escalera portátil

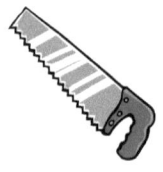

mişar

sierra

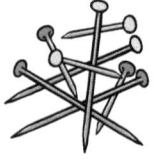

mîx

clavos

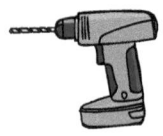

qulkirin

taladro

çêkirin

arreglar

merbêr

pala de jardín

nalet!

¡Qué bronca!

bêl

pala de plástico

qûtiya rengê

tacho de pintura

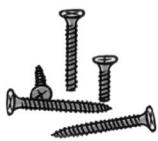

cerr

tornillos

amûrên mûzîkê

instrumentos musicales

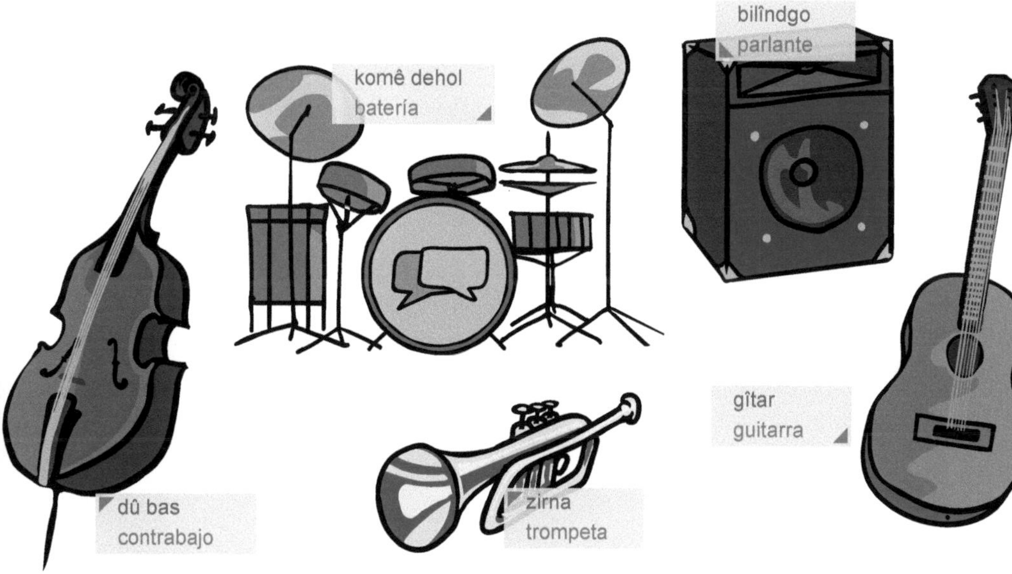

komê dehol
batería

bilîndgo
parlante

gîtar
guitarra

dû bas
contrabajo

zirna
trompeta

piyano

piano

viyolîn

violín

bas

bajo

dehol

timbales

dahol

tambor

keyboard

teclado

saksofon

saxofón

bilûr

flauta

mîkrofon

micrófono

amûrên mûzîkê - instrumentos musicales

baxça heywanan

zoológico

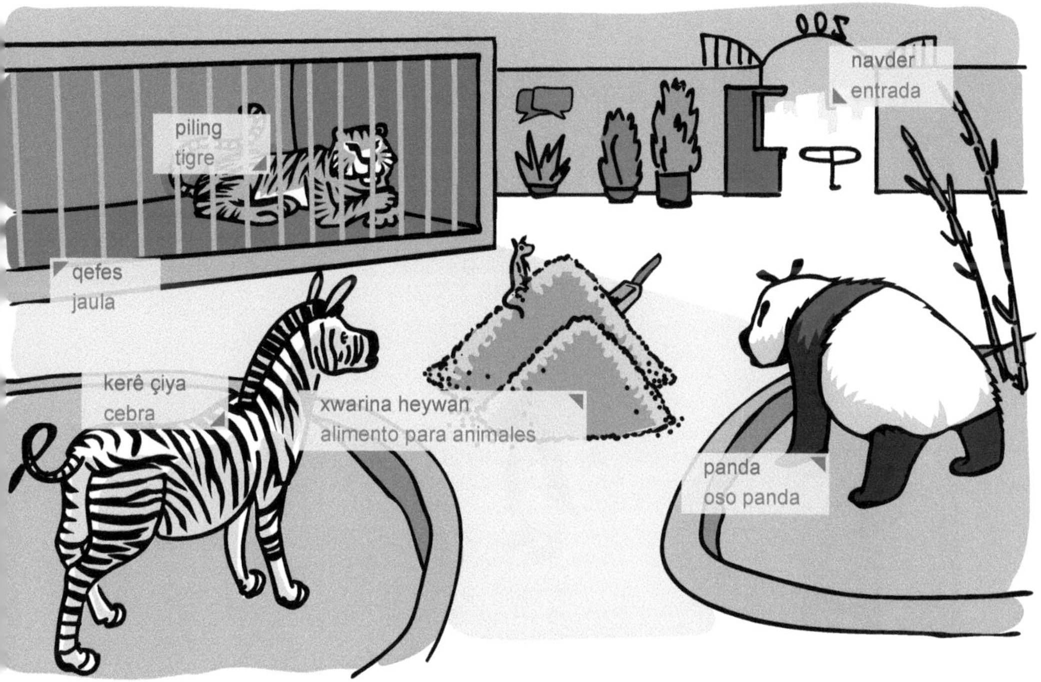

piling
tigre
navder
entrada
qefes
jaula
kerê çiya
cebra
xwarina heywan
alimento para animales
panda
oso panda

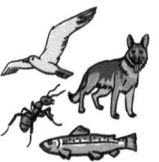

heywan

animales

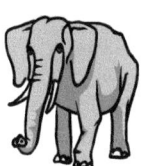

fîl

elefante

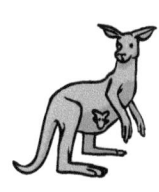

kangarû

canguro

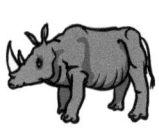

kerkeden

rinoceronte

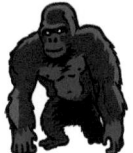

gorîl

gorila

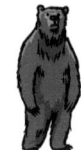

hirç

oso

hêştir

camello

hêştirme

avestruz

şêr

león

meymûn

mono

flamîngo

flamenco

papaxan

loro

hirça cemserî

oso polar

penguîn

pingüino

semasî

tiburón

tawûs

pavo real

mar

serpiente

timsah

cocodrilo

parêzera baxça ajalan

cuidador del zoológico

seya derya

foca

piling

jaguar

hesp

poni

piling

leopardo

hespê rûbar

hipopótamo

canhêştir

jirafa

helo

águila

berazê kovî

jabalí

masî

pescado

kûsî

tortuga

walras

morsa

rovî

zorro

xezal

gacela

fûtbolê Amerîka
fútbol americano

bisiklêtan
ciclismo

tenîs
tenis

baskêtbol
básquet

avjenîkirin
natación

hokeya ser cemedê
hockey sobre hielo

boxing
boxeo

fûtbol
fútbol

badminton
bádminton

yê atletîzmê
atletismo

hendbol
handball

befirajotin
esquí

polo
polo

hilpeke
saltar

kenîn
reír

hembêz
abrazar

birêveçûn
caminar

lawje gutin
cantar

xewn dîtin
soñar

nimêj kirin
rezar

maçkirin
besar

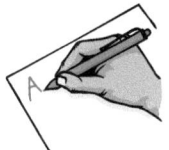

nivîsandin
escribir

nîgar kêşan
dibujar

nîşan dan
mostrar

paldan
presionar

dayîn
dar

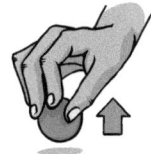

rakirin
tomar

heyîn

tener

kirin

hacer

bûn

ser

sekinîn

estar parado

bazdan

correr

kişandin

tirar

avêtin

tirar

ketin

caer

derew kirin

estar acostado

sekinîn

esperar

guhêztin

llevar

rûniştin

estar sentado

cil berkirin

vestirse

razan

dormir

rabûn

despertar

mêze kirin

mirar

girîn

llorar

celte

acariciar

şe kirin

peinar

peyvîn

hablar

famkirin

entender

pirskirin

preguntar

bihîstin

escuchar

vexwarin

beber

xwarin

comer

kom kirin

ordenar

hezkirin

amar

xwarin çêkirin

cocinar

ajotin

manejar

firrîn

volar

kesştîvanî

navegar

hesibandin

calcular

xwandin

leer

hînbûn

aprender

karkirin

trabajar

zewicîn

casarse

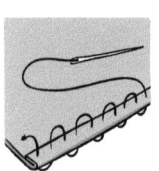

dirûtin

coser

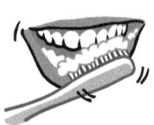

didan şûtin

cepillarse los dientes

kuştin

matar

dûxan

fumar

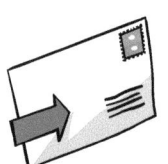

şandin

enviar

dapîr
abuela

bapîr
abuelo

bav
padre

dê
madre

bebek
bebé

keç
hija

kur
hijo

mêvan
invitado

met
tía

ap/xal
tío

bira
hermano

xwîşl
hermana

beden

cuerpo

enî
frente
çav
ojo
mil
hombro
tilî
dedo
rû
cara
zenî
pera
dest
mano
ling
pierna
sîng
pecho
pîl
brazo

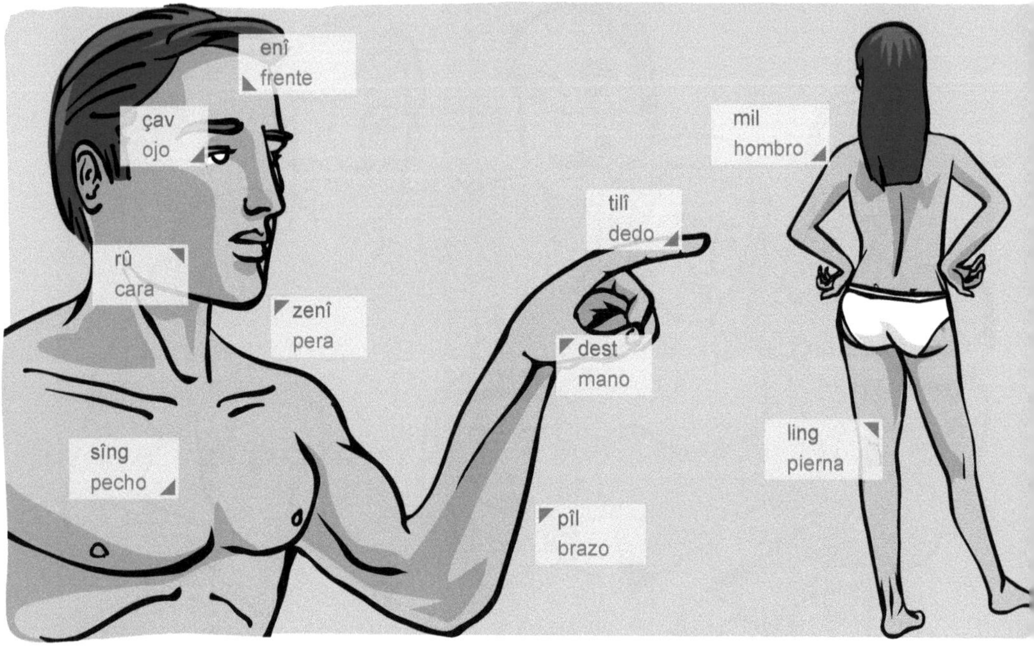

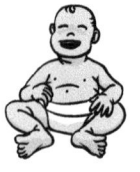

bebek

bebé

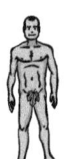

mêr

hombre

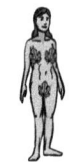

jin

mujer

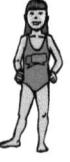

keç

nena

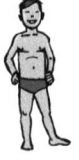

kor

nene

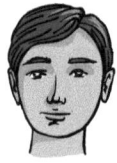

ser

cabeza

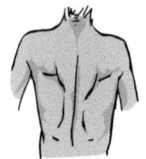

pişt

espalda

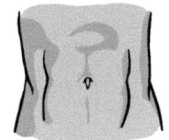

zik

panza

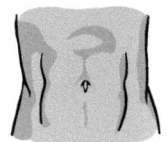

navik

ombligo

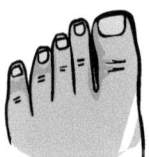

tilîya pê

dedo del pie

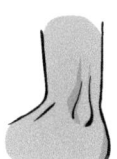

panî

talón

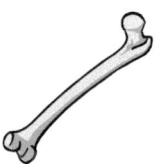

hestî

hueso

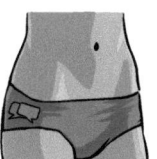

kûlîmek

cadera

jûnî

rodilla

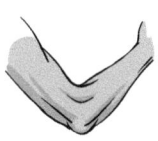

enîşk

codo

difn

nariz

qûn

cola

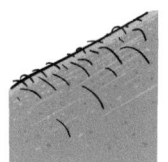

çerm

piel

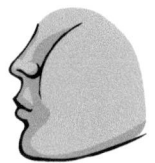

rû

cachete

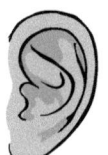

gûh

oreja

lêv

labio

beden - cuerpo

dev

boca

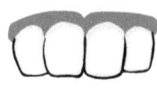

diran

diente

ziman

lengua

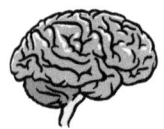

mêjî

cerebro

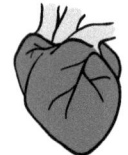

dil

corazón

masûl

músculo

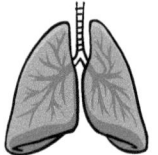

cîgera spî

pulmón

ceger

hígado

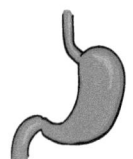

made

estómago

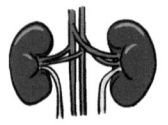

gûrçikan

riñones

cotbûn

sexo

kondom

preservativo

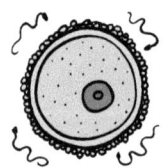

hêk

óvulo

tov

semen

dûcanî

embarazo

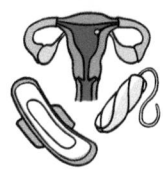

ade

menstruación

qûz

vagina

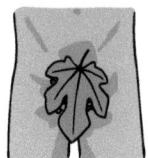

kîr

pene

birû

ceja

por

pelo

hûstû

cuello

nexweşxane
hospital

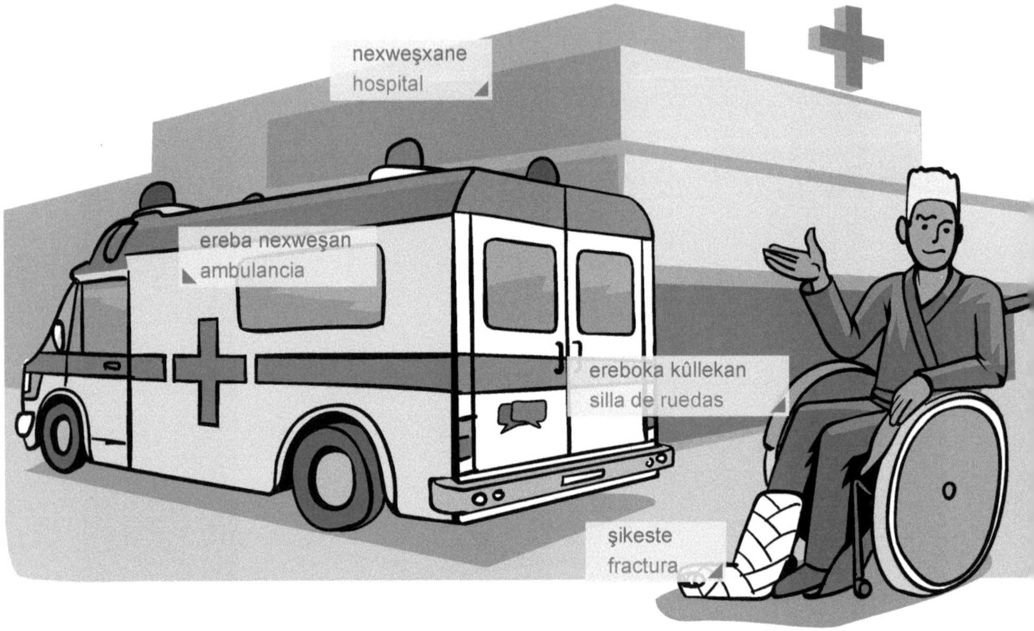

nexweşxane
hospital
ereba nexweşan
ambulancia
ereboka kûllekan
silla de ruedas
şikeste
fractura

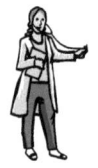

bijîşk
médico

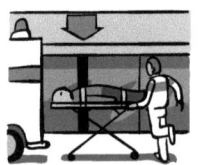

oda lezgînê
sala de guardia

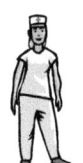

nexweşyar
enfermera

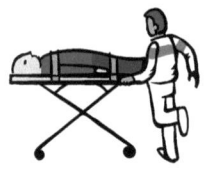

acîlîyet
emergencia

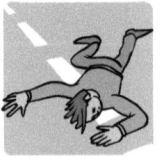

bêhay
inconsciente

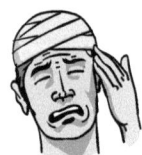

êş
dolor

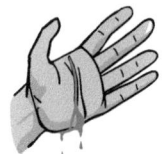

birîn

lesión

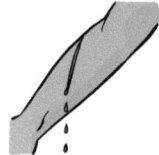

xwînpijan

hemorragia

hêrişa dilî

infarto

celte

ACV

alerjî

alergia

kuxik

tos

ta

fiebre

zikam

gripe

navçûyin

diarrea

serêş

dolor de cabeza

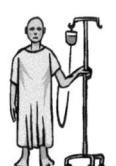

qansêr

cáncer

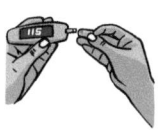

nexweşiya şekirê

diabetes

emelîkar

cirujano

skalpêl

bisturí

emelî

operación

CT

TC

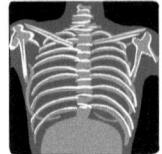

sûretê rontgên

rayos x

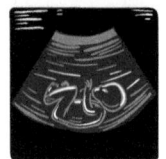

ûltrasawnd

ecografía

maskê rûyê

barbijo

nexweşî

enfermedad

oda sekinînê

sala de espera

goçan

muleta

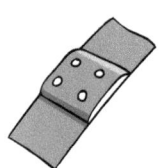

şêl

curita

paçê birînpêçanê

venda

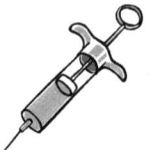

derzî

inyección

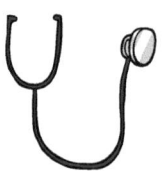

bîstoka pizîşkî

estetoscopio

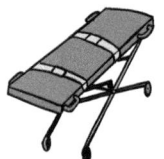

darbest

camilla

têhnpîva klînîkê

termómetro

zayîn

nacimiento

qelew

sobrepeso

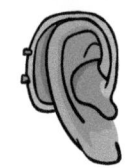

alîkariya bihîstinê

audífono

bakterîkuj

desinfectante

kotîbûn

infección

vîrûs

virus

HIV / AIDS

VIH / SIDA

derman

remedio

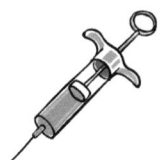

kutan

vacunación

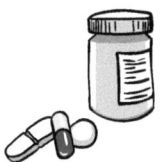

heban

comprimidos

heb

pastilla anticonceptiva

lezgîn

llamada de emergencia

dîmenderê pesto xwîn

tensiómetro

nexweş / sax

enfermo / sano

Hewar!

¡Ayuda!

alarm

alarma

êrîş

agresión

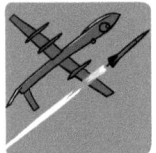

êrîşkirin

ataque

talûk

peligro

derketina acil

salida de emergencia

agir!

¡Fuego!

agir vemirandinê

matafuego

qeza

accidente

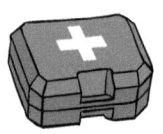

aletên alîkariya yekem

botiquín de primeros auxilios

SOS

SOS

polîs

policía

Ewropa

Europa

Amerîkaya Bakûr

América del Norte

Amerîkaya Başûr

América del Sur

Afrîka

África

Asya

Asia

Awustralya

Australia

Atlantîk

Atlántico

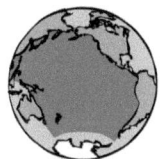

Okyanûsa Mezin

Pacífico

Okyanûsa Hindî

Océano Índico

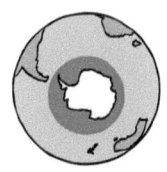

Okyanûsa Antarktîka

Océano Antártico

Okyanûsa Arktîk

Océano Ártico

Cemsera Bakûr

polo norte

Cemsera Başûr
....
polo sur

Antarktîka
....
Antártida

erd
....
Tierra

ax
....
tierra

behir
....
mar

dûrge
....
isla

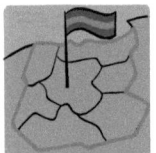

milllet
....
nación

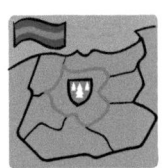

welat
....
estado

rûyê saet

esfera

nişanderka demjimêr

manecilla de las horas

nişanderka deqe

minutero

nişanderka saniye

segundero

Seet çende?

¿Qué hora es?

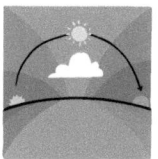

roj

día

dem

hora

niha

ahora

saetê dicîtal

reloj digital

deqe

minuto

seet

hora

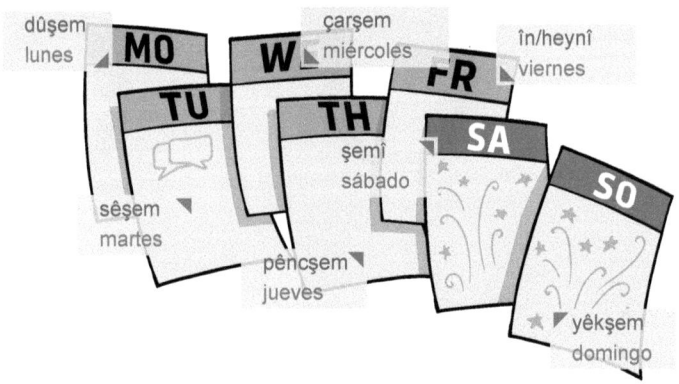

dûşem — lunes
sêşem — martes
çarşem — miércoles
pêncşem — jueves
în/heynî — viernes
şemî — sábado
yêkşem — domingo

duh
ayer

îro
hoy

sibey
mañana

sibe
mañana

nîvro
mediodía

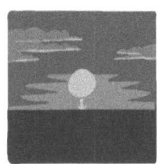

êvar
tarde

MO	TU	WE	TH	FR	SA	SU
1	2	3	4	5	6	7
8	9	10	11	12	13	14
15	16	17	18	19	20	21
22	23	24	25	26	27	28
29	30	31	1	2	3	4

rojên karê
días hábiles

MO	TU	WE	TH	FR	SA	SU
1	2	3	4	5	6	7
8	9	10	11	12	13	14
15	16	17	18	19	20	21
22	23	24	25	26	27	28
29	30	31	1	2	3	4

dawiya hefte
fin de semana

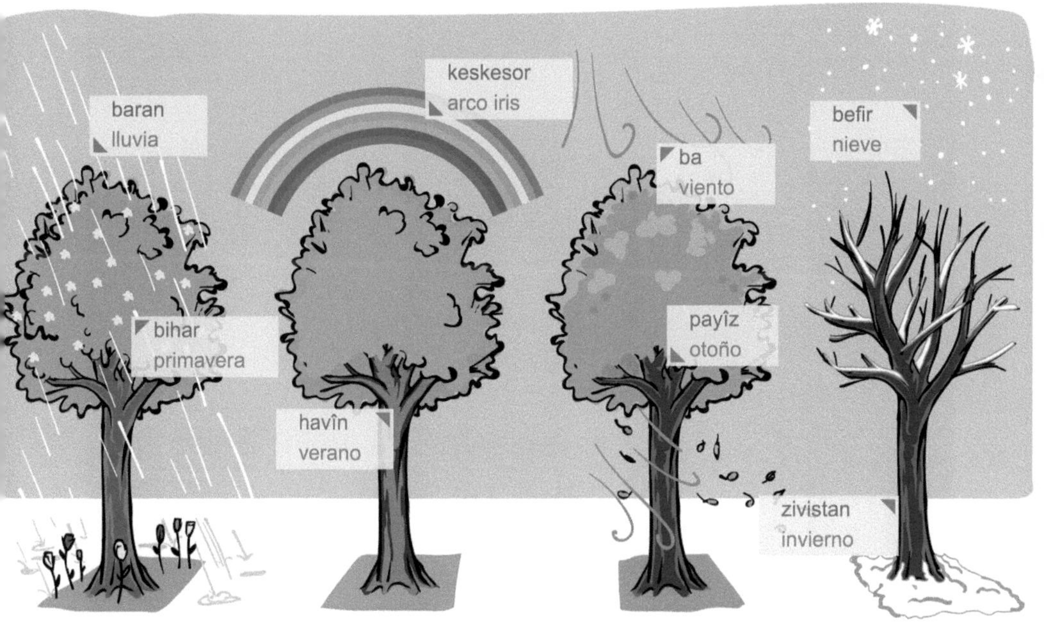

baran
lluvia

keskesor
arco iris

ba
viento

befir
nieve

bihar
primavera

havîn
verano

payîz
otoño

zivistan
invierno

pêşbîniya hewa

pronóstico meteorológico

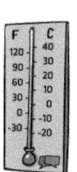

tehnpîv

termómetro

tav

luz del sol

hewr

nube

mij

niebla

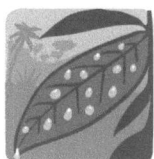

hêmî

humedad

birq

rayo

brûsk

trueno

tofan

tormenta

terg

granizo

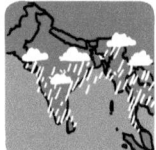

mansûn

monzón

lehî

inundación

cemed

hielo

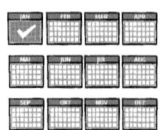

rêbendan

enero

reşeme

febrero

newroz

marzo

gulan

abril

cozerdan

mayo

pûşper

junio

gelawêj

julio

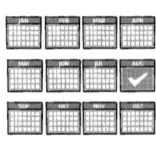

xermanan

agosto

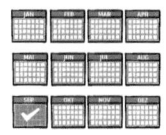

rezber

septiembre

kewçêr

octubre

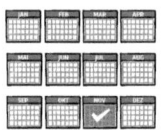

sermawez

noviembre

befranbar

diciembre

çember

círculo

çarçik

cuadrado

çarqozî

rectángulo

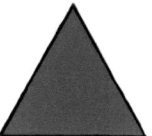

sêqozî

triángulo

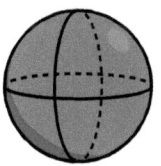

qada

esfera

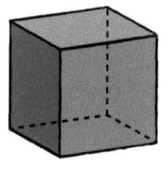

xiştek

cubo

sipî
....
blanco

zer
....
amarillo

pirteqalî
....
naranja

pembe
....
rosa

sor
....
rojo

mor
....
violeta

şîn
....
azul

kesik
....
verde

qehweyî
....
marrón

gewr
....
gris

reş
....
negro

zor / kêm

mucho / poco

bi hêrs / bêdeng

enojado / tranquilo

bedew / nerind

lindo / feo

destpêk / dawî

principio / fin

mezin / biçûk

grande / chico

ronî / tarî

claro / oscuro

brak / xwişk

hermano / hermana

pagij / girêj

limpio / sucio

tevî / netemam

completo / incompleto

roj / şev

día / noche

mirî / zindî

muerto / vivo

fire / teng

ancho / angosto

xweş / nexweş

comestible / no comestible

nebaş / baş

malo / amable

bi heyecan / aciz

entusiasmado / aburrido

qelew / zirav

gordo / flaco

yekemîn / dawîn

primero / último

heval / dijmin

amigo / enemigo

tijî / vala

lleno / vacío

req / nerm

duro / blando

giran / sivik

pesado / liviano

birçî / tînî

hambre / sed

nexweş / sax

enfermo / sano

neqanûnî / qanûnî

ilegal / legal

rewşenbîr / balûle

inteligente / estúpido

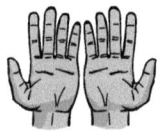

çep / rast

izquierda / derecha

nêzî / dûr

cerca / lejos

nû / bikarhatî

nuevo / usado

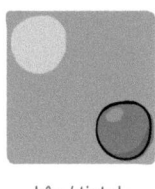

hîç / tiştek

nada / algo

kal / ciwan

viejo / joven

li / ji

encendido / apagado

vekirî / girtî

abierto / cerrado

aram / dengbilind

silencioso / ruidoso

dewlemend / reben

rico / pobre

rast / şaş

correcto / incorrecto

dirr / hilû

áspero / suave

xemgîn / şa

triste / contento

kurt / dirêj

corto / largo

hêdî / zû

lento / rápido

şil / ziwa

mojado / seco

germ / hênik

caliente / frío

şerr / aşitî

guerra / paz

hejmaran

números

0

sifir

cero

1

yek

uno

2

dû

dos

3

sê

tres

4

çar

cuatro

5

pênc

cinco

6

şeş

seis

7

heft

siete

8

heşt

ocho

9

neh

nueve

10

deh

diez

11

yazde

once

12
dazde

doce

13
sêzde

trece

14
çarde

catorce

15
pazde

quince

16
şazde

dieciséis

17
hefde

diecisiete

18
hejde

dieciocho

19
nozdeh

diecinueve

20
bîst

veinte

100
sed

cien

1.000
hezar

mil

1.000.000
milyon

millón

Inglîzî

inglés

Inglîziya Amerîkî

inglés americano

Çînî Mandarîn

chino mandarín

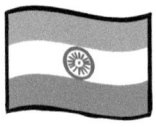

Hindî

hindi

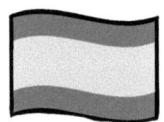

Îspanyolî

español

Frensî

francés

Erebî

árabe

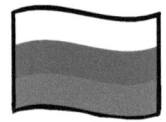

Rûsî

ruso

Portugalî

portugués

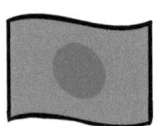

Bengalî

bengalí

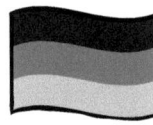

Elmanî

alemán

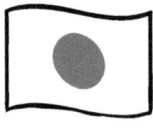

Japonî

japonés

min

yo

tu

vos

ew / ev / ew

él / ella

em

nosotros

tu

ustedes

ew

ellos

kî?

¿quién?

çi?

¿qué?

çawa?

¿cómo?

kû?

¿dónde?

kengî?

¿cuándo?

nav

nombre

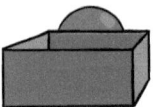

piştî

detrás

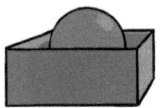

li

en

pêşî

adelante de

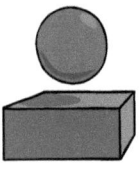

ser

por encima de

ser

sobre

bin

debajo de

kêlek

al lado de

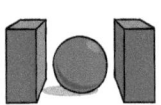

navber

entre

cih

lugar